TABLE OF CONTENT

- Why Repetition?   2 Page
- ADDITION   30 Pages
- SUBTRACTION   30 Pages
- ALL MIX   30 Pages

** each page have 60 question **
* Good for timer 1sheet / 60sec *
* This Book only have 1 digit *
* No minus *

If you ready
Then Flip!

REPETITION?

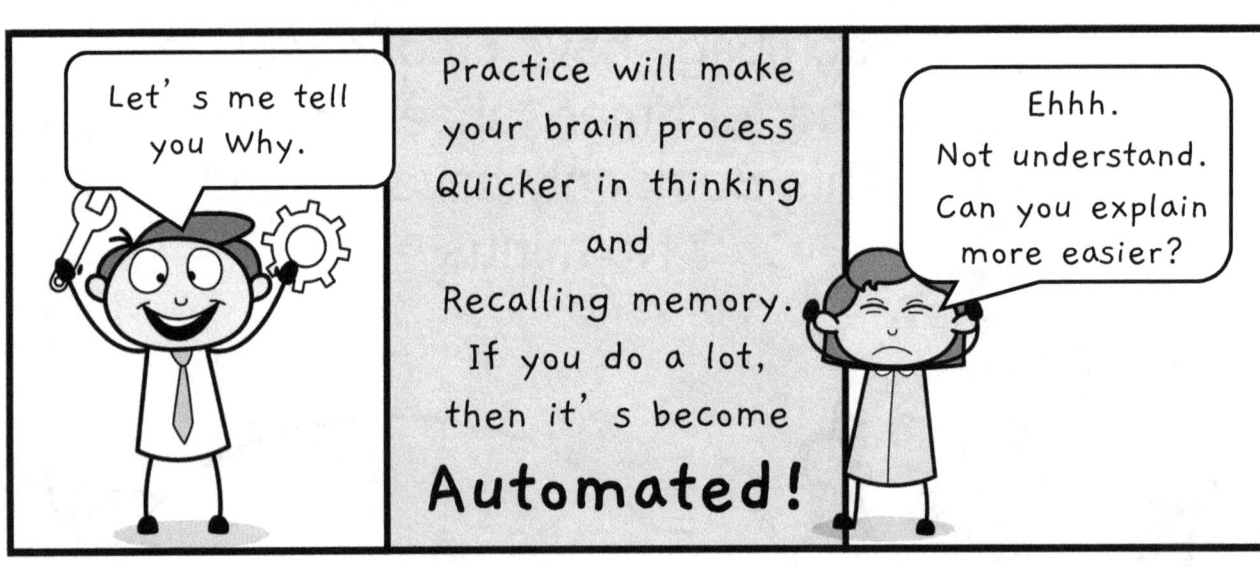

REPETITION?

"But Beware if you do too much. It will be harm than good."

"Really? How?"

"REALLY! Same as how you feel when you work overtime. IT is Fun if you like. But do you?"

POSITIVE

- It's like a challenge for kids every time they do.
  They hope to do faster!
  (**Fun & Brain improvement**.)
- When difficult become easy thru repetition. It is build **confident** in themselves.

NEGATIVE

- **Stress up!** If they cannot break through what they expect.
- **Hate Math!** Because I can not do!

"So if you want to turn negative into positive please follow below."

A WAY TO ENJOY REPETITION.

1. **Do not force them to do!**
   A goal is make it FUN. Watch the mood and ask if they want to play a math game or challenge them.
2. **Do not do too much!**
   If your Kids feel bored? Stop to do so. They can't be a pro overnight.
3. **Cheep Up!**
   no matter what happen. Parent need to boost moral for children. make them feel it's not a waste in what they did.

Flip to start >>

1 - DIGIT MATH TIME TEST

SCORE   / 60

2	3	6	5	5	1	3	8	5
+ 5	+ 0	+ 7	+ 1	+ 1	+ 5	+ 3	+ 9	+ 5

4	5	2	1	7	1	8	1	6
+ 7	+ 9	+ 1	+ 8	+ 5	+ 1	+ 9	+ 8	+ 2

5	9	1	9	1	9	3	5	2
+ 8	+ 0	+ 2	+ 6	+ 1	+ 6	+ 8	+ 4	+ 5

3	4	7	8	3	6	3	7	3
+ 6	+ 6	+ 1	+ 4	+ 2	+ 1	+ 9	+ 6	+ 9

6	3	9	8	2	4	2	3	4
+ 7	+ 6	+ 9	+ 0	+ 7	+ 3	+ 1	+ 8	+ 4

2	8	9	8	3	1	4	8	5
+ 9	+ 3	+ 0	+ 8	+ 8	+ 0	+ 8	+ 8	+ 7

9	4	8	2	8	3
+ 2	+ 1	+ 6	+ 7	+ 5	+ 6

1 - DIGIT MATH TIME TEST

SCORE / 60

3	4	5	4	9	1	4	9	6
+ 3	+ 0	+ 7	+ 0	+ 8	+ 1	+ 5	+ 1	+ 8

1	2	1	1	8	5	3	1	2
+ 6	+ 3	+ 9	+ 5	+ 8	+ 6	+ 1	+ 5	+ 1

2	8	4	5	1	3	8	7	3
+ 0	+ 9	+ 4	+ 9	+ 2	+ 6	+ 7	+ 2	+ 3

4	3	8	7	3	8	3	4	2
+ 9	+ 8	+ 2	+ 6	+ 3	+ 5	+ 1	+ 0	+ 6

6	1	9	1	9	2	6	3	5
+ 2	+ 5	+ 9	+ 9	+ 2	+ 9	+ 8	+ 6	+ 6

6	9	3	2	6	5	5	1	5
+ 9	+ 5	+ 2	+ 9	+ 0	+ 9	+ 5	+ 6	+ 6

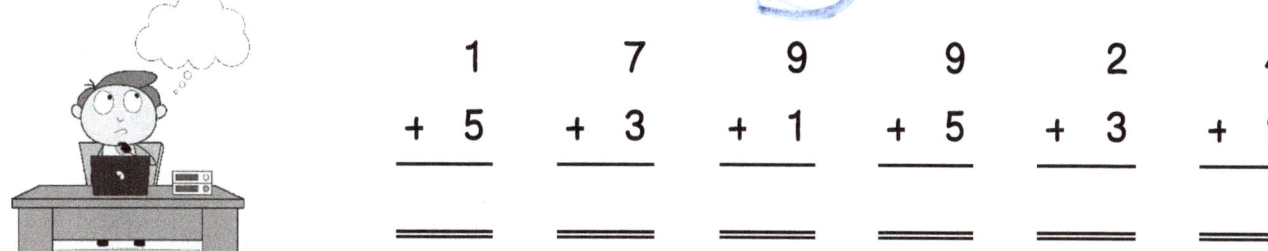

			1	7	9	9	2	4
			+ 5	+ 3	+ 1	+ 5	+ 3	+ 9

1 - DiGiT MATH TiME TEST

SCORE   / 60

3	3	1	1	9	5	6	7	6
+ 2	+ 5	+ 5	+ 3	+ 5	+ 7	+ 4	+ 4	+ 3

8	1	6	6	2	9	4	2	3
+ 1	+ 9	+ 2	+ 7	+ 3	+ 8	+ 7	+ 3	+ 9

6	6	7	5	3	7	7	4	5
+ 8	+ 1	+ 6	+ 2	+ 6	+ 6	+ 3	+ 5	+ 6

4	4	9	9	5	3	4	3	2
+ 5	+ 2	+ 9	+ 0	+ 9	+ 8	+ 5	+ 5	+ 3

1	9	2	5	8	7	1	3	1
+ 8	+ 0	+ 6	+ 1	+ 3	+ 5	+ 4	+ 7	+ 5

8	8	6	5	4	2	9	5	4
+ 0	+ 7	+ 3	+ 4	+ 2	+ 1	+ 4	+ 7	+ 0

3	2	2	6	7	4
+ 1	+ 9	+ 8	+ 4	+ 2	+ 7

1 - Digit Math Time Test

SCORE   / 60

8	7	9	5	9	7	7	4	9
+9	+8	+6	+0	+4	+7	+4	+1	+7

2	2	5	6	1	7	2	4	6
+3	+8	+2	+2	+4	+9	+8	+4	+8

5	4	7	5	2	8	3	8	6
+4	+7	+0	+3	+4	+7	+6	+3	+9

5	5	8	7	8	1	7	9	4
+9	+9	+7	+5	+9	+5	+9	+6	+7

2	5	1	4	5	2	6	5	2
+8	+8	+3	+7	+7	+6	+1	+9	+9

9	2	3	4	8	3	2	6	4
+4	+6	+6	+2	+3	+6	+3	+0	+1

		1	6	8	5	5	2
		+1	+0	+2	+5	+9	+9

1 - DIGIT MATH TIME TEST

SCORE   / 60

1	7	1	1	9	1	8	7	7
+ 4	+ 4	+ 5	+ 6	+ 0	+ 6	+ 0	+ 8	+ 8

5	7	5	5	8	6	8	6	6
+ 1	+ 2	+ 5	+ 8	+ 4	+ 8	+ 4	+ 2	+ 8

6	4	8	9	8	1	1	3	6
+ 5	+ 4	+ 2	+ 7	+ 7	+ 0	+ 5	+ 2	+ 0

7	2	8	7	3	2	8	6	3
+ 1	+ 6	+ 6	+ 5	+ 0	+ 2	+ 1	+ 7	+ 6

5	7	4	5	1	5	1	3	4
+ 4	+ 9	+ 8	+ 7	+ 8	+ 6	+ 3	+ 1	+ 1

2	6	7	8	2	7	8	7	7
+ 8	+ 4	+ 9	+ 6	+ 9	+ 1	+ 1	+ 6	+ 7

6	2	2	3	4	9
+ 6	+ 3	+ 7	+ 0	+ 9	+ 5

1 - DIGIT MATH TIME TEST

SCORE   / 60

8	2	7	5	3	4	7	5	2
+ 9	+ 0	+ 1	+ 1	+ 1	+ 5	+ 9	+ 1	+ 0

3	3	7	2	9	5	9	7	5
+ 5	+ 6	+ 5	+ 0	+ 4	+ 6	+ 0	+ 5	+ 7

2	2	8	8	5	1	3	8	7
+ 5	+ 6	+ 1	+ 1	+ 8	+ 0	+ 8	+ 3	+ 7

6	5	3	9	1	3	3	9	6
+ 0	+ 0	+ 8	+ 3	+ 8	+ 6	+ 8	+ 2	+ 6

3	4	7	4	3	1	5	2	5
+ 5	+ 5	+ 6	+ 8	+ 0	+ 4	+ 7	+ 9	+ 1

9	9	1	6	2	9	5	8	4
+ 9	+ 1	+ 6	+ 9	+ 5	+ 2	+ 2	+ 9	+ 1

			4	1	7	5	7	6
			+ 7	+ 9	+ 0	+ 6	+ 9	+ 0

1 - DIGIT MATH TIME TEST

SCORE   / 60

3	6	9	6	5	3	6	9	1
+ 3	+ 0	+ 4	+ 3	+ 8	+ 8	+ 3	+ 2	+ 1

4	8	8	7	6	9	4	3	2
+ 6	+ 5	+ 9	+ 2	+ 7	+ 5	+ 8	+ 8	+ 9

8	4	4	8	8	4	2	8	5
+ 5	+ 1	+ 0	+ 3	+ 2	+ 6	+ 0	+ 2	+ 8

5	8	3	6	9	5	2	9	4
+ 7	+ 2	+ 6	+ 4	+ 4	+ 4	+ 4	+ 9	+ 8

5	9	1	7	9	1	2	4	5
+ 0	+ 6	+ 7	+ 8	+ 8	+ 0	+ 3	+ 5	+ 9

1	4	9	2	4	8	9	4	5
+ 7	+ 0	+ 5	+ 1	+ 2	+ 8	+ 0	+ 4	+ 2

7	3	7	1	4	9
+ 0	+ 5	+ 1	+ 7	+ 1	+ 9

1 - Digit Math Time Test

SCORE   / 60

3	6	6	7	4	9	1	8	5
+ 3	+ 1	+ 7	+ 6	+ 3	+ 7	+ 1	+ 0	+ 8

3	7	6	1	5	6	3	6	9
+ 0	+ 5	+ 0	+ 2	+ 7	+ 0	+ 5	+ 8	+ 9

9	1	3	1	7	9	7	2	8
+ 5	+ 8	+ 2	+ 0	+ 8	+ 7	+ 7	+ 7	+ 3

2	6	1	1	8	5	8	5	6
+ 8	+ 5	+ 9	+ 6	+ 4	+ 7	+ 3	+ 5	+ 6

9	5	3	3	8	7	2	5	2
+ 2	+ 3	+ 1	+ 9	+ 9	+ 1	+ 6	+ 3	+ 3

9	5	6	9	3	3	2	5	9
+ 3	+ 7	+ 1	+ 3	+ 4	+ 2	+ 0	+ 2	+ 5

		5	9	9	7	1	6
		+ 5	+ 1	+ 2	+ 4	+ 5	+ 3

1 - Digit Math Time Test

SCORE   / 60

6	5	7	4	7	2	7	2	8
+ 2	+ 4	+ 6	+ 4	+ 6	+ 8	+ 2	+ 4	+ 6

4	8	6	6	6	7	5	6	4
+ 5	+ 8	+ 6	+ 2	+ 2	+ 7	+ 2	+ 1	+ 7

7	9	4	1	1	3	3	4	3
+ 2	+ 9	+ 9	+ 5	+ 9	+ 0	+ 6	+ 1	+ 7

2	7	2	2	9	1	4	1	9
+ 5	+ 5	+ 5	+ 7	+ 6	+ 9	+ 6	+ 6	+ 1

5	2	7	5	6	6	1	1	7
+ 9	+ 0	+ 6	+ 5	+ 0	+ 1	+ 5	+ 7	+ 8

4	8	7	9	1	8	7	6	8
+ 4	+ 2	+ 5	+ 7	+ 6	+ 2	+ 7	+ 4	+ 0

2	8	5	3	4	1
+ 0	+ 1	+ 4	+ 7	+ 1	+ 5

1 - DiGiT MATH TiME TEST

SCORE   / 60

9 + 6	3 + 7	6 + 2	2 + 0	7 + 5	8 + 3	7 + 4	8 + 2	8 + 6
2 + 7	4 + 0	9 + 4	4 + 7	6 + 4	3 + 0	6 + 9	1 + 2	9 + 6
7 + 6	1 + 3	7 + 2	1 + 7	1 + 6	7 + 0	2 + 3	2 + 2	8 + 0
5 + 7	5 + 4	8 + 7	2 + 4	1 + 4	9 + 1	1 + 7	8 + 3	4 + 8
2 + 0	1 + 1	9 + 6	8 + 9	8 + 9	1 + 5	9 + 3	3 + 9	4 + 5
5 + 9	9 + 4	7 + 7	8 + 3	7 + 1	1 + 8	3 + 5	8 + 4	9 + 8

| | | 6
+ 6 | 6
+ 0 | 2
+ 1 | 7
+ 3 | 8
+ 2 | 7
+ 3 |

1 - DIGIT MATH TIME TEST

SCORE / 60

8	1	5	7	4	1	4	4	2
+ 2	+ 7	+ 8	+ 7	+ 1	+ 7	+ 2	+ 2	+ 8

1	7	4	7	7	8	5	6	7
+ 1	+ 3	+ 3	+ 0	+ 0	+ 1	+ 6	+ 9	+ 1

8	5	7	1	1	2	2	4	7
+ 3	+ 5	+ 8	+ 7	+ 1	+ 4	+ 8	+ 1	+ 0

9	2	7	5	8	2	4	6	2
+ 0	+ 0	+ 3	+ 2	+ 6	+ 6	+ 6	+ 1	+ 3

8	9	5	2	3	9	5	7	6
+ 5	+ 9	+ 8	+ 3	+ 1	+ 7	+ 7	+ 8	+ 8

7	3	5	9	8	6	4	8	6
+ 9	+ 0	+ 2	+ 3	+ 6	+ 5	+ 8	+ 4	+ 3

9	6	3	1	2	6
+ 1	+ 8	+ 7	+ 5	+ 0	+ 0

1 - DIGIT MATH TIME TEST

SCORE   / 60

2	3	3	4	3	7	4	9	6
+ 7	+ 3	+ 6	+ 6	+ 4	+ 7	+ 1	+ 4	+ 0

9	2	1	8	4	9	8	5	3
+ 1	+ 0	+ 0	+ 4	+ 4	+ 1	+ 1	+ 6	+ 0

9	8	2	4	9	8	6	7	9
+ 0	+ 9	+ 3	+ 1	+ 2	+ 0	+ 1	+ 3	+ 2

1	7	2	3	7	7	2	7	8
+ 1	+ 0	+ 6	+ 1	+ 4	+ 5	+ 1	+ 9	+ 4

8	7	5	5	3	4	1	5	4
+ 1	+ 1	+ 3	+ 6	+ 8	+ 2	+ 0	+ 2	+ 9

7	7	1	5	2	5	3	3	2
+ 1	+ 4	+ 8	+ 2	+ 0	+ 5	+ 6	+ 6	+ 0

	2	8	4	4	4	3
	+ 4	+ 2	+ 3	+ 0	+ 9	+ 3

1 - Digit Math Time Test

SCORE   / 60

7	8	1	3	2	3	6	7	5
+ 1	+ 0	+ 3	+ 8	+ 8	+ 9	+ 1	+ 3	+ 4

7	2	1	4	8	6	7	7	6
+ 4	+ 8	+ 9	+ 6	+ 9	+ 1	+ 7	+ 4	+ 9

6	7	8	3	7	6	6	3	3
+ 4	+ 4	+ 9	+ 6	+ 3	+ 6	+ 5	+ 6	+ 2

7	4	8	4	1	8	6	8	7
+ 9	+ 0	+ 5	+ 8	+ 5	+ 8	+ 8	+ 0	+ 8

7	5	5	4	1	3	4	4	7
+ 0	+ 1	+ 4	+ 9	+ 7	+ 7	+ 3	+ 8	+ 4

7	9	6	7	6	4	4	1	9
+ 1	+ 6	+ 8	+ 0	+ 7	+ 8	+ 9	+ 4	+ 8

4	9	7	9	8	9
+ 3	+ 2	+ 6	+ 4	+ 0	+ 6

1 - DIGIT MATH TIME TEST

SCORE   / 60

8	5	7	2	8	7	6	8	5
+ 1	+ 6	+ 2	+ 0	+ 2	+ 7	+ 3	+ 4	+ 3

9	2	8	9	3	2	7	2	7
+ 6	+ 6	+ 5	+ 4	+ 4	+ 6	+ 9	+ 5	+ 7

2	5	9	8	9	3	1	3	7
+ 7	+ 8	+ 9	+ 6	+ 6	+ 2	+ 0	+ 4	+ 1

4	4	5	1	6	4	7	9	5
+ 9	+ 8	+ 3	+ 6	+ 8	+ 7	+ 8	+ 1	+ 1

3	2	8	4	8	8	3	7	2
+ 7	+ 7	+ 4	+ 8	+ 4	+ 2	+ 6	+ 4	+ 5

7	7	6	8	1	5	6	2	1
+ 8	+ 2	+ 4	+ 9	+ 7	+ 7	+ 5	+ 2	+ 5

6	5	2	2	1	6
+ 2	+ 3	+ 0	+ 9	+ 5	+ 6

1 - DIGIT MATH TIME TEST

SCORE / 60

4 + 3	6 + 6	2 + 5	7 + 2	7 + 4	8 + 2	5 + 9	9 + 5	4 + 3
7 + 2	6 + 1	4 + 5	6 + 9	9 + 4	6 + 5	4 + 2	1 + 4	7 + 8
3 + 9	1 + 4	4 + 7	8 + 4	7 + 6	8 + 7	8 + 6	8 + 3	1 + 5
8 + 5	4 + 9	9 + 3	4 + 8	4 + 5	4 + 7	4 + 3	1 + 8	8 + 9
5 + 6	3 + 7	6 + 7	7 + 3	6 + 3	1 + 5	4 + 4	2 + 6	7 + 6
2 + 6	7 + 7	3 + 2	4 + 2	7 + 0	3 + 7	1 + 6	6 + 7	1 + 8
1 + 3	1 + 7	7 + 6	6 + 1	8 + 6	5 + 7			

1 - DIGIT MATH TIME TEST

SCORE   / 60

4	9	3	3	5	7	3	1	2
+ 9	+ 6	+ 1	+ 1	+ 2	+ 0	+ 4	+ 0	+ 4

5	9	8	8	3	4	2	6	4
+ 6	+ 9	+ 8	+ 9	+ 3	+ 9	+ 9	+ 3	+ 2

9	9	3	8	9	7	8	8	1
+ 6	+ 2	+ 3	+ 6	+ 2	+ 5	+ 0	+ 5	+ 1

4	9	8	6	6	4	2	8	7
+ 9	+ 1	+ 2	+ 0	+ 1	+ 6	+ 8	+ 5	+ 8

6	6	9	4	1	6	3	1	8
+ 9	+ 3	+ 7	+ 5	+ 9	+ 5	+ 1	+ 2	+ 9

8	6	6	5	2	4	5	5	8
+ 9	+ 6	+ 2	+ 3	+ 4	+ 1	+ 1	+ 0	+ 5

		2	9	7	8	2	2
		+ 2	+ 3	+ 2	+ 8	+ 6	+ 8

1 - Digit Math Time Test

SCORE   / 60

6	8	1	9	5	8	4	7	3
+ 1	+ 9	+ 0	+ 7	+ 8	+ 2	+ 0	+ 2	+ 8

5	3	1	3	4	7	9	5	4
+ 1	+ 9	+ 6	+ 2	+ 8	+ 0	+ 5	+ 2	+ 4

9	1	5	7	3	4	5	1	3
+ 2	+ 7	+ 5	+ 9	+ 3	+ 9	+ 8	+ 7	+ 4

2	1	3	6	5	9	7	9	6
+ 0	+ 6	+ 1	+ 2	+ 2	+ 6	+ 1	+ 4	+ 7

2	9	6	7	1	4	7	7	6
+ 2	+ 6	+ 5	+ 3	+ 5	+ 1	+ 4	+ 2	+ 6

8	1	8	7	3	5	6	6	9
+ 1	+ 8	+ 6	+ 6	+ 8	+ 7	+ 7	+ 7	+ 2

5	6	8	8	8	5
+ 1	+ 8	+ 8	+ 3	+ 7	+ 7

1 - DIGIT MATH TIME TEST

SCORE   / 60

6	1	7	2	1	3	5	5	3
+ 9	+ 3	+ 7	+ 3	+ 4	+ 2	+ 5	+ 0	+ 9

5	2	6	1	4	4	9	1	6
+ 7	+ 4	+ 2	+ 6	+ 2	+ 4	+ 2	+ 8	+ 6

5	4	9	1	3	5	8	9	8
+ 1	+ 8	+ 5	+ 4	+ 2	+ 8	+ 5	+ 2	+ 3

4	6	3	6	3	5	1	7	7
+ 2	+ 6	+ 3	+ 8	+ 1	+ 0	+ 5	+ 6	+ 0

9	8	2	4	9	1	6	1	1
+ 4	+ 3	+ 6	+ 9	+ 3	+ 6	+ 1	+ 6	+ 0

9	2	7	1	3	3	6	2	3
+ 0	+ 3	+ 7	+ 4	+ 9	+ 4	+ 7	+ 1	+ 1

		2	8	7	7	8	6
		+ 5	+ 3	+ 5	+ 6	+ 8	+ 0

1 - DIGIT MATH TIME TEST

SCORE   / 60

5	1	4	3	2	1	9	6	2
+ 2	+ 9	+ 3	+ 7	+ 5	+ 2	+ 7	+ 3	+ 6

4	9	4	3	2	8	5	8	3
+ 8	+ 9	+ 3	+ 1	+ 9	+ 8	+ 2	+ 8	+ 7

4	2	1	3	8	5	8	3	7
+ 3	+ 1	+ 8	+ 0	+ 1	+ 5	+ 4	+ 2	+ 7

6	4	5	8	7	2	9	2	2
+ 2	+ 9	+ 3	+ 2	+ 5	+ 3	+ 4	+ 9	+ 9

6	4	5	3	8	2	4	2	4
+ 4	+ 0	+ 8	+ 9	+ 2	+ 1	+ 3	+ 0	+ 3

3	9	8	6	9	2	4	2	4
+ 3	+ 9	+ 5	+ 8	+ 5	+ 9	+ 9	+ 7	+ 0

1	2	9	6	2	9
+ 6	+ 0	+ 4	+ 3	+ 5	+ 7

1 - DIGIT MATH TIME TEST

SCORE   / 60

8	9	2	4	3	7	2	2	4
+ 5	+ 5	+ 8	+ 9	+ 0	+ 7	+ 8	+ 3	+ 4

2	9	4	8	3	6	7	2	9
+ 9	+ 4	+ 0	+ 6	+ 4	+ 9	+ 5	+ 0	+ 9

6	7	1	4	6	5	1	5	3
+ 1	+ 4	+ 1	+ 9	+ 9	+ 2	+ 9	+ 6	+ 5

5	1	3	2	8	3	3	7	2
+ 0	+ 6	+ 0	+ 3	+ 4	+ 1	+ 7	+ 5	+ 5

3	7	5	9	7	6	8	3	8
+ 3	+ 2	+ 8	+ 2	+ 9	+ 9	+ 3	+ 0	+ 9

4	9	5	1	5	6	1	7	5
+ 6	+ 9	+ 8	+ 0	+ 3	+ 3	+ 7	+ 4	+ 7

8	5	5	8	6	6
+ 3	+ 5	+ 5	+ 2	+ 5	+ 8

1 - DIGIT MATH TIME TEST

SCORE   / 60

6	1	7	4	3	6	1	4	5
+ 1	+ 6	+ 8	+ 9	+ 5	+ 9	+ 2	+ 3	+ 1

1	5	6	4	9	2	1	9	8
+ 6	+ 5	+ 5	+ 2	+ 8	+ 1	+ 3	+ 1	+ 5

3	1	2	5	7	7	3	3	4
+ 1	+ 6	+ 7	+ 9	+ 2	+ 8	+ 4	+ 6	+ 4

9	5	9	4	1	1	8	8	6
+ 3	+ 7	+ 9	+ 7	+ 9	+ 5	+ 0	+ 7	+ 0

6	2	1	6	7	1	9	8	6
+ 4	+ 0	+ 9	+ 9	+ 5	+ 3	+ 6	+ 7	+ 8

5	8	2	3	4	8	4	6	2
+ 4	+ 7	+ 7	+ 6	+ 0	+ 4	+ 1	+ 2	+ 8

7	6	2	8	7	3
+ 9	+ 6	+ 4	+ 8	+ 2	+ 2

1 - DIGIT MATH TIME TEST

SCORE   / 60

4	3	7	6	6	5	1	1	1
+ 8	+ 2	+ 4	+ 6	+ 3	+ 3	+ 6	+ 1	+ 7

1	9	7	7	5	7	4	3	6
+ 5	+ 1	+ 6	+ 7	+ 4	+ 8	+ 5	+ 8	+ 8

2	3	4	2	1	2	4	5	2
+ 4	+ 9	+ 6	+ 0	+ 8	+ 3	+ 8	+ 2	+ 1

8	3	6	8	5	1	1	6	9
+ 1	+ 1	+ 8	+ 4	+ 7	+ 3	+ 1	+ 4	+ 1

3	3	3	1	9	4	7	1	2
+ 8	+ 0	+ 4	+ 5	+ 1	+ 4	+ 0	+ 4	+ 1

5	9	7	1	5	6	6	8	6
+ 7	+ 4	+ 1	+ 0	+ 6	+ 6	+ 6	+ 0	+ 9

			1	4	2	1	7	1
			+ 7	+ 7	+ 1	+ 2	+ 6	+ 5

1 - DIGIT MATH TIME TEST

SCORE   / 60

3	2	6	2	4	2	1	5	8
+ 7	+ 3	+ 3	+ 9	+ 8	+ 1	+ 5	+ 1	+ 0

4	3	3	8	4	4	6	9	7
+ 4	+ 7	+ 4	+ 4	+ 9	+ 5	+ 2	+ 7	+ 6

4	9	2	7	2	3	1	9	8
+ 4	+ 3	+ 6	+ 4	+ 3	+ 5	+ 3	+ 7	+ 8

8	3	7	6	4	5	7	8	1
+ 2	+ 5	+ 7	+ 9	+ 1	+ 1	+ 3	+ 0	+ 1

6	3	9	1	7	2	1	9	6
+ 7	+ 3	+ 4	+ 9	+ 4	+ 7	+ 7	+ 2	+ 0

6	3	5	9	2	2	6	9	9
+ 6	+ 9	+ 9	+ 8	+ 5	+ 0	+ 5	+ 9	+ 8

7	1	8	2	1	2
+ 5	+ 5	+ 5	+ 4	+ 2	+ 3

1 - DIGIT MATH TIME TEST

SCORE   / 60

8 + 0	6 + 5	4 + 6	7 + 5	7 + 7	6 + 5	6 + 0	3 + 7	2 + 0
6 + 5	3 + 8	2 + 1	6 + 0	6 + 0	4 + 0	1 + 0	6 + 4	4 + 8
8 + 5	2 + 0	6 + 1	4 + 1	5 + 0	9 + 4	8 + 9	6 + 3	8 + 0
5 + 6	8 + 8	1 + 9	5 + 2	1 + 5	7 + 1	3 + 4	7 + 4	8 + 5
2 + 7	3 + 5	1 + 2	8 + 1	4 + 8	9 + 7	3 + 3	7 + 0	7 + 1
5 + 0	4 + 5	6 + 6	7 + 2	7 + 5	2 + 1	2 + 5	9 + 2	2 + 2

		1 + 6	5 + 0	6 + 7	2 + 2	5 + 7	1 + 5

1 - DiGiT MATH TiME TEST

SCORE / 60

7	5	1	8	4	9	4	9	1
+ 1	+ 2	+ 5	+ 1	+ 2	+ 9	+ 0	+ 4	+ 4

6	7	2	7	5	5	7	4	9
+ 0	+ 1	+ 0	+ 7	+ 1	+ 0	+ 4	+ 6	+ 1

3	5	6	8	5	8	6	7	9
+ 8	+ 1	+ 7	+ 2	+ 0	+ 9	+ 4	+ 8	+ 2

7	6	1	3	9	8	4	1	2
+ 0	+ 6	+ 1	+ 7	+ 3	+ 5	+ 0	+ 3	+ 6

7	7	6	1	6	2	4	5	7
+ 9	+ 2	+ 2	+ 9	+ 2	+ 8	+ 7	+ 7	+ 8

4	3	9	6	3	1	3	9	1
+ 4	+ 2	+ 1	+ 3	+ 4	+ 9	+ 0	+ 5	+ 6

1	3	7	4	2	3
+ 3	+ 8	+ 6	+ 1	+ 0	+ 4

1 - DIGIT MATH TIME TEST

SCORE   / 60

5	4	4	5	5	4	6	5	6
+ 0	+ 2	+ 9	+ 6	+ 2	+ 1	+ 5	+ 6	+ 6

6	1	5	3	3	6	9	1	6
+ 8	+ 8	+ 8	+ 2	+ 4	+ 8	+ 4	+ 2	+ 8

3	2	9	3	2	5	7	2	2
+ 3	+ 2	+ 1	+ 9	+ 1	+ 1	+ 3	+ 0	+ 3

2	8	3	4	7	2	7	9	2
+ 7	+ 4	+ 7	+ 8	+ 8	+ 0	+ 6	+ 5	+ 7

1	3	1	5	3	7	1	5	1
+ 0	+ 0	+ 9	+ 6	+ 5	+ 2	+ 8	+ 9	+ 8

3	4	3	5	2	4	4	5	6
+ 3	+ 9	+ 5	+ 8	+ 6	+ 0	+ 0	+ 0	+ 9

		9	8	2	6	2	3
		+ 9	+ 4	+ 9	+ 0	+ 0	+ 9

1 - Digit Math Time Test

SCORE   / 60

8	8	6	6	9	6	7	2	7
+ 4	+ 1	+ 2	+ 4	+ 7	+ 1	+ 1	+ 7	+ 5

8	4	9	5	4	2	6	7	8
+ 9	+ 4	+ 7	+ 1	+ 3	+ 4	+ 7	+ 3	+ 0

4	9	3	9	2	3	7	4	6
+ 6	+ 7	+ 5	+ 5	+ 0	+ 8	+ 6	+ 4	+ 8

5	4	9	3	4	4	8	3	4
+ 8	+ 2	+ 7	+ 3	+ 4	+ 2	+ 5	+ 2	+ 0

6	8	4	2	9	2	2	4	3
+ 0	+ 4	+ 1	+ 6	+ 3	+ 8	+ 3	+ 3	+ 8

9	7	4	7	9	8	4	3	1
+ 8	+ 9	+ 5	+ 8	+ 5	+ 1	+ 1	+ 9	+ 6

6	3	6	6	4	3
+ 0	+ 2	+ 2	+ 4	+ 1	+ 4

1 - DIGIT MATH TIME TEST

SCORE / 60

7	2	1	4	4	6	9	9	7
+ 2	+ 2	+ 1	+ 0	+ 1	+ 7	+ 9	+ 8	+ 0

6	1	3	4	1	2	1	8	5
+ 3	+ 7	+ 2	+ 0	+ 6	+ 1	+ 2	+ 0	+ 1

2	7	7	4	8	6	8	5	8
+ 9	+ 9	+ 6	+ 6	+ 2	+ 3	+ 2	+ 2	+ 8

6	6	5	2	3	5	3	6	6
+ 6	+ 7	+ 5	+ 9	+ 5	+ 9	+ 2	+ 6	+ 2

7	8	1	6	1	6	8	5	6
+ 6	+ 9	+ 8	+ 8	+ 6	+ 5	+ 7	+ 9	+ 5

4	5	9	1	3	1	8	4	4
+ 6	+ 3	+ 5	+ 6	+ 3	+ 6	+ 7	+ 6	+ 5

			9	7	8	8	1	9
			+ 3	+ 0	+ 1	+ 2	+ 3	+ 1

1 - DIGIT MATH TIME TEST

SCORE   / 60

8	4	4	9	3	1	3	1	4
+ 4	+ 9	+ 1	+ 8	+ 9	+ 2	+ 4	+ 3	+ 1

9	6	6	9	9	9	1	6	1
+ 9	+ 4	+ 8	+ 5	+ 2	+ 8	+ 9	+ 0	+ 5

7	6	9	8	8	1	5	4	7
+ 5	+ 3	+ 6	+ 1	+ 5	+ 8	+ 6	+ 9	+ 2

4	2	2	2	7	6	2	5	2
+ 5	+ 4	+ 0	+ 3	+ 9	+ 4	+ 4	+ 7	+ 8

6	5	3	5	7	3	5	4	2
+ 7	+ 6	+ 5	+ 9	+ 1	+ 5	+ 4	+ 9	+ 9

9	1	3	3	4	3	7	5	3
+ 1	+ 3	+ 4	+ 9	+ 3	+ 7	+ 6	+ 8	+ 9

7	1	3	5	7	2
+ 8	+ 8	+ 9	+ 1	+ 8	+ 3

1 - DIGIT MATH TIME TEST

SCORE   / 60

5	5	5	3	2	1	5	3	7
+ 7	+ 4	+ 3	+ 5	+ 8	+ 7	+ 1	+ 4	+ 6

1	6	5	9	7	1	7	4	3
+ 5	+ 4	+ 9	+ 0	+ 8	+ 2	+ 8	+ 0	+ 4

9	9	8	5	8	7	9	2	5
+ 5	+ 2	+ 4	+ 6	+ 9	+ 7	+ 7	+ 8	+ 0

4	7	6	1	3	4	4	3	6
+ 9	+ 7	+ 9	+ 1	+ 6	+ 5	+ 1	+ 2	+ 1

4	6	7	7	8	3	2	1	7
+ 1	+ 6	+ 5	+ 7	+ 0	+ 4	+ 9	+ 8	+ 6

7	4	1	4	5	6	9	5	2
+ 1	+ 9	+ 4	+ 0	+ 0	+ 9	+ 0	+ 4	+ 4

		2	3	1	4	2	7
		+ 6	+ 9	+ 8	+ 5	+ 6	+ 6

1 - DiGiT MATH TiME TEST

SCORE   / 60

4	7	8	5	7	1	4	1	6
- 3	- 2	- 6	- 4	- 6	- 1	- 4	- 1	- 6

7	5	7	1	5	1	1	7	6
- 1	- 1	- 1	- 1	- 4	- 1	- 1	- 5	- 4

5	4	2	7	2	4	6	7	5
- 2	- 2	- 2	- 6	- 2	- 4	- 5	- 7	- 4

5	7	9	2	2	1	8	2	4
- 3	- 5	- 4	- 2	- 1	- 1	- 4	- 1	- 1

7	3	7	1	9	2	2	8	2
- 2	- 3	- 3	- 1	- 3	- 1	- 2	- 6	- 2

1	6	1	5	7	9	6	6	9
- 1	- 4	- 1	- 2	- 3	- 7	- 6	- 4	- 8

5	7	9	4	4	1
- 5	- 5	- 2	- 2	- 1	- 1

1 - DIGIT MATH TIME TEST

SCORE   / 60

2	5	7	5	3	2	7	9	9
- 1	- 2	- 2	- 2	- 3	- 1	- 2	- 2	- 2

7	4	6	4	9	6	8	3	3
- 6	- 3	- 5	- 3	- 2	- 2	- 5	- 2	- 2

1	6	8	1	6	5	9	9	6
- 1	- 3	- 5	- 1	- 2	- 1	- 5	- 1	- 3

4	7	7	9	1	2	1	7	2
- 3	- 3	- 3	- 7	- 1	- 2	- 1	- 5	- 2

4	3	6	2	4	2	4	3	3
- 3	- 1	- 1	- 1	- 3	- 1	- 4	- 3	- 2

7	5	4	1	5	7	2	4	4
- 1	- 1	- 2	- 1	- 4	- 4	- 1	- 2	- 4

9	5	1	9	2	9
- 8	- 1	- 1	- 4	- 2	- 5

1 - DIGIT MATH TIME TEST

SCORE   / 60

```
  6      3      8      4      1      7      2      1      4
- 1    - 1    - 5    - 1    - 1    - 3    - 2    - 1    - 1
═══    ═══    ═══    ═══    ═══    ═══    ═══    ═══    ═══

  3      3      7      1      4      4      8      2      8
- 1    - 2    - 1    - 1    - 4    - 1    - 1    - 1    - 4
═══    ═══    ═══    ═══    ═══    ═══    ═══    ═══    ═══

  7      8      9      4      6      9      7      9      7
- 3    - 5    - 2    - 4    - 5    - 3    - 3    - 8    - 4
═══    ═══    ═══    ═══    ═══    ═══    ═══    ═══    ═══

  7      3      5      6      7      1      7      9      7
- 7    - 3    - 4    - 4    - 4    - 1    - 2    - 3    - 1
═══    ═══    ═══    ═══    ═══    ═══    ═══    ═══    ═══

  8      8      1      8      1      8      6      8      9
- 7    - 2    - 1    - 1    - 1    - 3    - 6    - 7    - 1
═══    ═══    ═══    ═══    ═══    ═══    ═══    ═══    ═══

  6      8      2      5      9      1      3      6      3
- 5    - 6    - 2    - 5    - 8    - 1    - 1    - 6    - 2
═══    ═══    ═══    ═══    ═══    ═══    ═══    ═══    ═══

  8      3      5      5      7      5
- 8    - 1    - 3    - 5    - 6    - 5
═══    ═══    ═══    ═══    ═══    ═══
```

1 - Digit Math Time Test

SCORE   / 60

6	7	3	6	5	1	2	9	7
- 4	- 6	- 3	- 1	- 5	- 1	- 1	- 1	- 2

9	4	7	9	7	7	1	4	4
- 2	- 1	- 7	- 9	- 7	- 4	- 1	- 4	- 4

6	1	2	3	1	8	7	1	9
- 3	- 1	- 2	- 1	- 1	- 7	- 7	- 1	- 9

4	1	3	4	2	5	3	3	5
- 4	- 1	- 3	- 2	- 2	- 1	- 3	- 3	- 2

2	9	2	6	3	2	2	8	6
- 2	- 4	- 2	- 2	- 2	- 1	- 2	- 6	- 4

7	5	6	5	1	1	1	5	7
- 4	- 4	- 3	- 2	- 1	- 1	- 1	- 2	- 4

			5	5	8	5	1	9
			- 1	- 3	- 8	- 1	- 1	- 1

1 - DIGIT MATH TIME TEST

SCORE   / 60

6	7	6	8	3	1	7	3	4
- 2	- 3	- 1	- 6	- 2	- 1	- 3	- 3	- 1

4	7	2	9	5	9	5	4	1
- 2	- 3	- 1	- 9	- 1	- 7	- 4	- 1	- 1

8	3	2	8	6	4	3	1	7
- 4	- 1	- 1	- 7	- 6	- 3	- 3	- 1	- 7

1	9	2	9	8	4	9	9	3
- 1	- 4	- 2	- 8	- 2	- 4	- 5	- 7	- 2

4	4	1	7	5	5	4	1	9
- 1	- 3	- 1	- 4	- 3	- 1	- 1	- 1	- 1

6	9	4	6	7	4	9	5	3
- 3	- 6	- 4	- 3	- 1	- 2	- 4	- 2	- 2

3	3	9	4	2	7
- 3	- 3	- 4	- 3	- 2	- 7

1 - DIGIT MATH TIME TEST

SCORE   / 60

7	5	4	4	9	1	7	8	4
- 6	- 2	- 1	- 3	- 4	- 1	- 3	- 8	- 1

3	3	2	6	3	8	5	5	1
- 2	- 2	- 2	- 5	- 3	- 4	- 4	- 3	- 1

9	8	9	7	9	2	3	2	4
- 3	- 2	- 5	- 6	- 6	- 1	- 2	- 2	- 2

5	7	5	6	3	5	5	1	4
- 3	- 4	- 2	- 5	- 2	- 1	- 3	- 1	- 3

7	1	3	2	3	5	3	4	6
- 7	- 1	- 3	- 1	- 2	- 2	- 1	- 2	- 6

9	9	8	5	2	9	3	6	5
- 4	- 8	- 6	- 3	- 1	- 5	- 1	- 6	- 2

			2	4	5	2	7	4
			- 1	- 1	- 3	- 2	- 2	- 2

1 - DiGiT MATH TiME TEST

SCORE   / 60

6	1	6	4	6	7	7	6	5
- 6	- 1	- 5	- 3	- 2	- 5	- 3	- 6	- 5

8	9	9	6	8	5	9	5	7
- 7	- 9	- 1	- 4	- 2	- 5	- 5	- 3	- 5

3	2	9	7	4	6	6	8	3
- 1	- 1	- 6	- 2	- 3	- 6	- 1	- 4	- 3

1	9	1	9	9	7	8	7	8
- 1	- 6	- 1	- 9	- 9	- 7	- 6	- 7	- 6

5	8	1	6	1	4	1	4	7
- 3	- 2	- 1	- 3	- 1	- 3	- 1	- 3	- 1

9	8	5	6	3	9	2	6	4
- 2	- 4	- 1	- 5	- 1	- 6	- 2	- 1	- 1

5	4	6	9	7	7
- 2	- 3	- 4	- 7	- 4	- 6

1 - DiGiT MATH TiME TEST

SCORE   / 60

2	1	3	9	3	3	1	6	9
- 2	- 1	- 3	- 5	- 2	- 1	- 1	- 2	- 6

3	9	2	8	7	3	5	9	3
- 3	- 2	- 1	- 7	- 1	- 3	- 1	- 3	- 1

2	9	9	4	2	8	7	9	9
- 2	- 1	- 6	- 3	- 1	- 2	- 6	- 1	- 3

4	4	9	9	2	3	7	3	5
- 4	- 2	- 4	- 7	- 1	- 3	- 4	- 2	- 3

1	8	6	4	7	5	2	5	8
- 1	- 3	- 6	- 2	- 2	- 5	- 1	- 3	- 3

6	8	9	8	9	3	1	5	6
- 2	- 7	- 6	- 3	- 5	- 1	- 1	- 1	- 4

5	2	9	3	8	8
- 1	- 2	- 2	- 3	- 8	- 1

1 - DIGIT MATH TIME TEST

SCORE   / 60

7	4	7	9	7	1	9	6	7
- 2	- 1	- 2	- 9	- 6	- 1	- 5	- 5	- 5

2	6	6	6	3	8	5	2	9
- 1	- 5	- 5	- 2	- 2	- 4	- 4	- 1	- 8

6	6	3	7	1	3	9	9	6
- 6	- 4	- 3	- 6	- 1	- 2	- 1	- 4	- 4

4	4	8	8	7	6	8	8	5
- 2	- 1	- 8	- 1	- 7	- 3	- 5	- 3	- 2

4	9	2	6	7	7	8	2	8
- 1	- 1	- 1	- 6	- 5	- 6	- 1	- 2	- 4

2	8	1	1	2	6	3	2	8
- 2	- 2	- 1	- 1	- 2	- 3	- 3	- 2	- 2

3	2	2	3	8	8
- 1	- 2	- 1	- 3	- 4	- 4

1 - DIGIT MATH TIME TEST

SCORE   / 60

4	4	1	7	2	8	4	2	3
- 4	- 1	- 1	- 4	- 2	- 8	- 2	- 1	- 1

4	7	1	5	9	1	3	9	7
- 4	- 4	- 1	- 1	- 4	- 1	- 1	- 5	- 5

3	4	4	5	8	6	2	9	7
- 2	- 2	- 3	- 1	- 3	- 2	- 2	- 9	- 3

7	5	8	2	6	8	1	3	3
- 1	- 1	- 7	- 1	- 5	- 4	- 1	- 1	- 2

4	8	7	8	6	3	1	2	8
- 2	- 4	- 1	- 4	- 2	- 1	- 1	- 1	- 8

4	2	3	6	7	8	7	2	6
- 2	- 1	- 3	- 6	- 5	- 4	- 6	- 2	- 3

			2	6	6	9	5	2
			- 2	- 3	- 4	- 6	- 4	- 1

1 - DIGIT MATH TIME TEST

SCORE   / 60

8	5	9	5	3	6	4	7	6
- 5	- 1	- 6	- 4	- 3	- 5	- 3	- 5	- 1

4	9	3	9	4	9	4	5	6
- 3	- 4	- 1	- 4	- 4	- 7	- 4	- 4	- 6

2	2	2	1	8	3	4	9	4
- 1	- 2	- 2	- 1	- 2	- 2	- 1	- 9	- 3

2	3	9	3	1	6	8	6	4
- 2	- 1	- 9	- 3	- 1	- 3	- 4	- 5	- 1

7	3	9	3	6	5	9	8	6
- 5	- 2	- 9	- 2	- 1	- 4	- 7	- 5	- 6

4	7	3	1	5	2	9	7	4
- 4	- 2	- 1	- 1	- 1	- 1	- 4	- 2	- 3

8	6	6	6	8	2
- 4	- 5	- 1	- 2	- 6	- 2

1 - DIGIT MATH TIME TEST

SCORE / 60

3	2	1	3	3	7	6	6	4
- 2	- 1	- 1	- 3	- 3	- 3	- 3	- 5	- 1

2	6	2	4	3	4	8	7	2
- 2	- 1	- 1	- 1	- 3	- 2	- 3	- 1	- 2

8	1	8	6	2	2	2	4	6
- 3	- 1	- 7	- 1	- 2	- 2	- 2	- 4	- 4

4	1	7	9	5	7	7	4	8
- 1	- 1	- 2	- 9	- 3	- 4	- 2	- 3	- 5

4	9	7	6	5	9	7	7	2
- 2	- 2	- 2	- 6	- 2	- 7	- 4	- 3	- 1

5	5	6	3	9	5	6	8	7
- 2	- 3	- 2	- 2	- 9	- 2	- 2	- 3	- 1

7	9	2	7	2	1
- 7	- 9	- 1	- 3	- 1	- 1

1 - DIGIT MATH TIME TEST

SCORE   / 60

1	9	6	2	2	4	5	6	5
- 1	- 4	- 4	- 2	- 1	- 2	- 4	- 4	- 1

6	9	9	4	9	1	6	7	4
- 6	- 4	- 4	- 4	- 3	- 1	- 4	- 1	- 2

7	4	5	5	7	5	6	9	1
- 7	- 2	- 4	- 1	- 1	- 3	- 2	- 4	- 1

4	9	9	1	5	1	1	2	4
- 4	- 4	- 5	- 1	- 2	- 1	- 1	- 2	- 3

2	1	2	7	1	2	6	1	3
- 2	- 1	- 1	- 2	- 1	- 2	- 2	- 1	- 1

7	1	9	1	5	7	1	1	1
- 2	- 1	- 7	- 1	- 3	- 3	- 1	- 1	- 1

6	9	3	5	1	3
- 5	- 3	- 3	- 3	- 1	- 2

1 - DIGIT MATH TIME TEST

SCORE ___ / 60

1	8	2	5	6	4	3	7	6
- 1	- 2	- 2	- 5	- 2	- 1	- 2	- 1	- 6

2	6	5	2	5	1	1	3	8
- 1	- 3	- 2	- 2	- 5	- 1	- 1	- 2	- 6

9	2	3	2	6	7	9	1	5
- 2	- 2	- 3	- 2	- 3	- 1	- 3	- 1	- 5

9	7	1	4	2	5	7	7	5
- 5	- 3	- 1	- 3	- 2	- 5	- 1	- 4	- 2

5	7	1	5	5	9	5	5	9
- 3	- 4	- 1	- 4	- 3	- 9	- 5	- 4	- 4

8	1	3	2	4	2	2	3	1
- 1	- 1	- 3	- 2	- 2	- 2	- 1	- 1	- 1

		8	2	2	9	4	8
		- 8	- 1	- 1	- 8	- 3	- 8

1 - DIGIT MATH TIME TEST

SCORE   / 60

2	6	7	9	6	7	1	7	9
- 1	- 1	- 7	- 6	- 6	- 7	- 1	- 7	- 8

1	5	4	2	7	9	8	4	6
- 1	- 2	- 3	- 1	- 2	- 8	- 5	- 3	- 3

4	9	6	1	3	1	1	4	5
- 1	- 7	- 6	- 1	- 1	- 1	- 1	- 2	- 2

1	5	3	3	6	2	2	3	4
- 1	- 4	- 1	- 2	- 4	- 2	- 1	- 2	- 2

3	4	1	5	3	7	6	1	8
- 3	- 4	- 1	- 3	- 2	- 3	- 5	- 1	- 8

1	7	1	3	5	8	1	3	8
- 1	- 5	- 1	- 1	- 5	- 4	- 1	- 3	- 5

7	3	9	3	3	4
- 3	- 3	- 8	- 2	- 1	- 2

1 - DiGiT MATH TiME TEST

SCORE   / 60

1	8	3	8	4	6	4	7	7
- 1	- 7	- 2	- 6	- 1	- 5	- 1	- 2	- 6

1	9	7	8	9	8	1	7	3
- 1	- 7	- 3	- 2	- 6	- 8	- 1	- 5	- 1

7	2	8	4	7	1	8	4	1
- 5	- 1	- 7	- 3	- 1	- 1	- 4	- 2	- 1

5	8	7	2	1	2	9	3	4
- 2	- 6	- 6	- 1	- 1	- 1	- 7	- 2	- 4

1	1	3	2	3	1	8	6	6
- 1	- 1	- 1	- 2	- 3	- 1	- 8	- 3	- 3

9	3	1	2	3	3	5	2	1
- 3	- 2	- 1	- 2	- 1	- 3	- 1	- 2	- 1

		9	5	2	6	9	2
		- 2	- 3	- 2	- 5	- 7	- 2

1 - DIGIT MATH TIME TEST

SCORE   / 60

6	9	3	3	2	5	6	3	2
- 3	- 7	- 3	- 2	- 2	- 1	- 1	- 2	- 2

4	5	6	2	2	5	1	2	7
- 4	- 1	- 1	- 2	- 2	- 3	- 1	- 2	- 3

6	1	1	5	8	8	4	1	2
- 5	- 1	- 1	- 5	- 6	- 6	- 2	- 1	- 1

7	2	7	1	8	8	9	5	3
- 1	- 1	- 6	- 1	- 1	- 2	- 2	- 5	- 2

8	7	2	6	3	4	3	3	3
- 5	- 7	- 2	- 6	- 2	- 2	- 3	- 3	- 3

1	8	4	9	3	7	3	9	8
- 1	- 3	- 3	- 9	- 3	- 1	- 2	- 5	- 3

8	1	9	8	9	4
- 6	- 1	- 7	- 8	- 5	- 2

1 - DIGIT MATH TIME TEST

SCORE   / 60

8	2	2	9	4	6	5	9	2
- 2	- 1	- 1	- 1	- 4	- 2	- 1	- 2	- 1

5	2	2	6	5	4	8	2	6
- 2	- 2	- 1	- 3	- 1	- 3	- 8	- 2	- 3

9	5	6	2	6	7	3	6	3
- 4	- 4	- 3	- 2	- 2	- 4	- 2	- 1	- 1

8	5	6	3	6	4	8	8	7
- 4	- 5	- 5	- 1	- 5	- 2	- 2	- 8	- 6

3	8	2	4	1	8	4	6	9
- 1	- 8	- 2	- 4	- 1	- 8	- 1	- 1	- 4

2	3	6	5	3	4	3	1	5
- 1	- 3	- 1	- 2	- 2	- 2	- 3	- 1	- 4

			7	4	8	8	3	4
			- 7	- 1	- 5	- 1	- 2	- 2

1 - DiGiT MATH TiME TEST

SCORE   / 60

4	6	6	8	7	9	6	5	1
- 1	- 6	- 2	- 3	- 4	- 2	- 4	- 1	- 1

8	3	1	2	9	5	2	9	2
- 2	- 3	- 1	- 1	- 4	- 3	- 1	- 8	- 2

1	6	4	9	1	8	7	5	8
- 1	- 2	- 3	- 9	- 1	- 8	- 7	- 1	- 4

5	6	9	8	5	4	4	1	1
- 3	- 2	- 1	- 7	- 5	- 3	- 2	- 1	- 1

4	3	4	8	1	5	7	3	9
- 1	- 2	- 2	- 8	- 1	- 4	- 3	- 1	- 7

9	6	6	5	9	9	9	7	4
- 1	- 4	- 6	- 5	- 2	- 9	- 2	- 1	- 2

2	6	8	3	8	4
- 1	- 3	- 6	- 2	- 7	- 3

1 - DIGIT MATH TIME TEST

SCORE   / 60

7	4	1	8	1	2	4	4	1
- 1	- 3	- 1	- 2	- 1	- 2	- 1	- 4	- 1

4	3	9	5	5	4	6	9	4
- 2	- 3	- 5	- 4	- 1	- 2	- 6	- 4	- 3

3	8	8	6	1	1	4	8	4
- 1	- 5	- 7	- 1	- 1	- 1	- 3	- 2	- 3

1	1	3	1	4	6	8	7	6
- 1	- 1	- 1	- 1	- 2	- 4	- 1	- 3	- 1

5	2	2	8	2	1	4	2	5
- 2	- 2	- 2	- 8	- 2	- 1	- 3	- 2	- 2

6	9	4	9	8	6	2	1	6
- 4	- 8	- 3	- 8	- 7	- 3	- 1	- 1	- 1

9	8	8	1	4	7
- 5	- 2	- 8	- 1	- 2	- 2

1 - Digit Math Time Test

SCORE   / 60

7	2	3	3	6	9	7	2	9
- 5	- 2	- 1	- 2	- 4	- 5	- 3	- 1	- 1

6	1	8	9	2	7	6	3	9
- 5	- 1	- 5	- 2	- 1	- 4	- 3	- 3	- 3

8	4	2	3	2	5	2	4	1
- 1	- 3	- 2	- 1	- 2	- 3	- 1	- 1	- 1

4	5	2	8	7	3	3	3	5
- 3	- 5	- 2	- 1	- 3	- 3	- 1	- 3	- 1

1	1	6	4	1	2	2	8	5
- 1	- 1	- 2	- 4	- 1	- 2	- 2	- 7	- 5

9	4	9	5	3	9	9	7	6
- 7	- 1	- 3	- 3	- 2	- 4	- 9	- 6	- 4

1	7	2	5	2	9
- 1	- 2	- 1	- 1	- 2	- 9

1 - DIGIT MATH TIME TEST

SCORE   / 60

8	4	2	2	1	8	8	5	2
- 5	- 1	- 1	- 2	- 1	- 7	- 7	- 3	- 2

4	4	2	4	9	7	6	8	2
- 3	- 2	- 1	- 4	- 7	- 5	- 4	- 8	- 2

7	3	6	6	4	3	1	1	1
- 4	- 3	- 4	- 4	- 2	- 1	- 1	- 1	- 1

4	3	2	4	4	8	9	4	1
- 3	- 1	- 2	- 3	- 2	- 8	- 4	- 3	- 1

2	1	7	2	5	3	3	9	6
- 2	- 1	- 2	- 1	- 3	- 1	- 2	- 2	- 3

5	5	1	8	6	7	8	1	7
- 4	- 5	- 1	- 7	- 6	- 6	- 3	- 1	- 3

		8	6	5	8	5	2
		- 6	- 3	- 1	- 5	- 3	- 1

1 - DiGiT MATH TiME TEST

SCORE   / 60

5	7	8	8	8	6	4	7	5
- 4	- 5	- 6	- 3	- 4	- 3	- 2	- 2	- 4

4	6	8	9	4	2	7	8	5
- 4	- 5	- 7	- 6	- 1	- 2	- 7	- 8	- 4

9	4	6	2	9	7	8	9	6
- 8	- 2	- 4	- 2	- 7	- 5	- 5	- 2	- 4

2	7	1	8	3	3	2	1	3
- 1	- 4	- 1	- 4	- 3	- 1	- 2	- 1	- 2

6	2	8	7	9	5	4	1	2
- 6	- 2	- 8	- 3	- 4	- 2	- 2	- 1	- 2

4	9	9	9	6	2	1	9	2
- 4	- 3	- 7	- 5	- 4	- 2	- 1	- 5	- 2

1	9	4	1	2	7
- 1	- 9	- 3	- 1	- 2	- 1

1 - DIGIT MATH TIME TEST

SCORE   / 60

7	4	9	2	6	8	8	2	7
- 4	- 4	- 1	- 1	- 1	- 8	- 5	- 1	- 6

7	1	9	9	2	6	1	9	3
- 7	- 1	- 9	- 8	- 1	- 5	- 1	- 7	- 2

5	7	9	9	1	9	7	1	5
- 5	- 5	- 6	- 1	- 1	- 3	- 6	- 1	- 5

9	5	5	4	6	6	4	9	2
- 8	- 3	- 3	- 4	- 3	- 5	- 4	- 4	- 1

3	4	3	5	5	3	7	4	4
- 2	- 2	- 2	- 5	- 3	- 3	- 6	- 4	- 1

2	8	4	5	7	4	8	3	9
- 2	- 1	- 1	- 3	- 1	- 4	- 8	- 1	- 1

		6	4	2	2	2	6
		- 5	- 4	- 1	- 1	- 1	- 1

1 - DIGIT MATH TIME TEST

SCORE   / 60

9 - 7	1 - 1	2 - 1	9 - 2	3 - 1	2 - 2	8 - 5	3 - 2	9 - 4
4 - 3	2 - 2	7 - 1	6 - 6	6 - 2	7 - 5	2 - 1	5 - 1	7 - 4
6 - 6	9 - 9	9 - 4	1 - 1	6 - 4	5 - 3	1 - 1	9 - 7	9 - 3
5 - 3	4 - 4	4 - 3	1 - 1	3 - 1	4 - 4	7 - 2	6 - 2	4 - 4
9 - 9	9 - 7	7 - 4	6 - 1	5 - 5	3 - 3	2 - 2	9 - 1	3 - 1
2 - 1	8 - 5	8 - 4	7 - 3	6 - 4	5 - 3	8 - 4	1 - 1	4 - 2
1 - 1	8 - 3	2 - 1	9 - 8	2 - 2	2 - 1			

1 - Digit Math Time Test

SCORE   / 60

3	5	7	7	2	5	1	2	6
- 1	- 1	- 5	- 6	- 1	- 2	- 1	- 1	- 2

3	6	1	1	8	4	7	8	9
- 1	- 1	- 1	- 1	- 6	- 3	- 7	- 1	- 7

7	5	6	8	3	9	3	3	7
- 7	- 4	- 2	- 5	- 3	- 6	- 1	- 1	- 4

3	1	3	8	6	8	8	2	2
- 1	- 1	- 3	- 4	- 6	- 5	- 3	- 2	- 1

3	2	4	9	7	3	9	8	5
- 3	- 1	- 2	- 5	- 3	- 2	- 8	- 2	- 4

7	2	2	3	5	5	1	3	8
- 4	- 1	- 2	- 2	- 4	- 4	- 1	- 3	- 2

			1	7	2	1	7	4
			- 1	- 2	- 2	- 1	- 1	- 1

1 - Digit Math Time Test

SCORE   / 60

2	5	1	4	9	7	9	2	6
- 2	- 5	- 1	- 4	- 7	- 6	- 5	- 1	- 2

3	7	2	1	3	4	1	2	7
- 3	- 7	- 2	- 1	- 2	- 4	- 1	- 2	- 5

7	7	7	4	5	1	9	8	4
- 2	- 5	- 7	- 4	- 3	- 1	- 9	- 6	- 3

7	4	3	8	5	7	5	8	2
- 7	- 2	- 2	- 5	- 5	- 6	- 2	- 4	- 2

4	3	2	3	7	6	3	2	3
- 3	- 1	- 1	- 1	- 7	- 1	- 1	- 1	- 2

8	5	3	2	9	3	3	7	2
- 2	- 3	- 3	- 2	- 5	- 2	- 3	- 1	- 1

3	7	8	1	5	9
- 3	- 2	- 5	- 1	- 1	- 3

1 - DIGIT MATH TIME TEST

SCORE / 60

9	3	5	4	3	5	3	7	7
- 1	- 1	- 3	- 1	- 1	- 5	- 2	- 3	- 7

4	6	3	7	5	7	2	4	5
- 4	- 2	- 2	- 3	- 5	- 5	- 1	- 1	- 4

8	8	7	6	1	7	3	4	6
- 4	- 5	- 3	- 2	- 1	- 3	- 2	- 4	- 4

8	4	1	2	6	6	8	9	6
- 3	- 3	- 1	- 1	- 4	- 2	- 6	- 5	- 5

6	7	1	9	7	6	3	6	1
- 3	- 3	- 1	- 7	- 2	- 1	- 2	- 2	- 1

6	2	7	5	4	8	7	6	1
- 6	- 2	- 5	- 5	- 1	- 8	- 7	- 2	- 1

			1	4	8	1	6	7
			- 1	- 3	- 6	- 1	- 5	- 4

1 - DiGiT MATH TiME TEST

SCORE   / 60

9 - 4	7 - 6	2 - 1	8 - 5	9 - 9	7 - 7	7 - 6	2 - 2	5 - 5
2 - 1	8 - 8	4 - 2	6 - 2	6 - 2	5 - 5	9 - 2	1 - 1	7 - 4
5 - 2	2 - 2	3 - 1	8 - 8	8 - 3	1 - 1	4 - 2	5 - 4	4 - 4
9 - 4	1 - 1	2 - 1	4 - 2	7 - 4	1 - 1	1 - 1	7 - 6	2 - 2
2 - 2	3 - 1	3 - 1	8 - 5	7 - 6	5 - 4	2 - 2	4 - 2	9 - 3
7 - 1	1 - 1	2 - 1	4 - 3	2 - 2	4 - 2	9 - 2	7 - 6	6 - 2
9 - 5	2 - 2	2 - 1	5 - 5	8 - 4	9 - 7			

1 - DiGiT MATH TiME TEST

SCORE   / 60

4	8	4	3	3	7	2	9	5
- 4	- 4	- 1	- 2	- 2	- 2	- 1	- 3	- 5

3	6	6	1	8	8	1	8	3
- 3	- 4	- 5	- 1	- 7	- 3	- 1	- 8	- 1

4	3	8	2	6	1	5	4	4
- 1	- 1	- 8	- 1	- 4	- 1	- 2	- 2	- 3

9	3	3	2	7	6	7	3	7
- 8	- 1	- 3	- 2	- 1	- 6	- 5	- 3	- 3

2	5	2	9	3	3	6	4	3
- 2	- 3	- 1	- 8	- 1	- 3	- 1	- 1	- 3

9	6	6	9	7	8	8	4	7
- 5	- 4	- 6	- 6	- 1	- 3	- 7	- 4	- 4

5	9	5	9	8	2
- 1	- 6	- 3	- 3	- 2	- 2

1 - DIGIT MATH TIME TEST

SCORE   / 60

5	5	3	2	5	7	9	9	5
+ 3	- 5	- 1	- 0	+ 4	- 1	+ 8	+ 2	+ 0

8	2	6	9	1	2	7	7	2
+ 2	+ 9	- 1	- 9	+ 0	- 0	+ 0	+ 6	+ 9

8	6	8	8	4	6	3	7	8
+ 1	+ 9	+ 4	- 8	+ 0	+ 7	+ 6	+ 2	- 2

3	5	5	1	2	6	9	7	1
- 1	+ 8	- 3	- 1	- 1	- 0	- 5	- 2	+ 7

9	7	6	8	7	7	2	9	8
- 4	- 3	+ 1	- 2	- 3	- 1	- 0	- 5	+ 4

4	5	6	2	8	7	3	6	1
+ 2	+ 1	+ 4	+ 6	+ 3	+ 7	- 2	- 2	- 1

3	3	1	1	6	2
- 1	+ 1	- 0	- 0	- 5	+ 3

1 - DIGIT MATH TIME TEST

SCORE   / 60

```
  5      1      4      2      9      9      1      6      5
- 5    + 1    - 0    - 0    - 6    - 6    + 3    - 3    - 1
═══    ═══    ═══    ═══    ═══    ═══    ═══    ═══    ═══

  2      3      5      7      7      3      3      1      6
- 0    - 2    - 3    + 7    + 7    - 1    + 1    + 0    + 7
═══    ═══    ═══    ═══    ═══    ═══    ═══    ═══    ═══

  4      4      2      2      9      6      7      6      8
+ 1    - 2    - 0    + 9    + 6    - 1    - 4    - 2    - 6
═══    ═══    ═══    ═══    ═══    ═══    ═══    ═══    ═══

  6      7      7      8      3      1      1      2      7
+ 6    - 2    + 7    + 4    - 3    + 1    - 0    + 7    - 7
═══    ═══    ═══    ═══    ═══    ═══    ═══    ═══    ═══

  8      9      8      1      1      9      4      6      4
+ 1    + 2    - 3    + 3    - 1    - 1    + 5    - 0    + 7
═══    ═══    ═══    ═══    ═══    ═══    ═══    ═══    ═══

  5      2      6      1      5      4      7      4      3
- 1    + 1    + 0    - 1    - 2    - 0    - 4    - 4    - 1
═══    ═══    ═══    ═══    ═══    ═══    ═══    ═══    ═══

                       7      9      7      6      1      9
                     - 7    - 0    - 7    - 0    + 9    + 9
                     ═══    ═══    ═══    ═══    ═══    ═══
```

1 - DiGiT MATH TiME TEST

SCORE   / 60

8 + 8	8 + 8	5 − 5	7 + 8	4 + 3	3 − 3	8 − 8	6 + 5	4 + 7
7 − 5	3 + 3	2 + 5	8 + 7	9 − 4	4 − 0	4 + 8	7 − 2	7 + 3
4 − 4	7 + 6	7 + 7	7 + 1	4 + 2	5 + 7	6 − 2	7 − 7	3 + 5
7 + 1	1 + 1	3 + 0	5 + 1	2 + 6	4 − 0	6 − 0	5 + 4	4 − 3
7 + 1	8 + 3	6 − 2	2 − 1	9 + 8	2 − 0	9 + 6	8 − 0	2 − 0
2 + 4	2 − 1	2 − 1	3 − 0	5 − 0	5 − 5	1 − 0	9 − 6	7 − 4
5 − 2	5 − 1	3 + 5	3 + 7	5 + 8	1 − 1			

1 - DIGIT MATH TIME TEST

SCORE   / 60

4	7	5	7	1	1	8	5	4
+ 5	+ 3	- 0	+ 6	- 1	- 1	- 2	+ 2	+ 4

3	5	9	1	4	9	3	2	2
+ 8	+ 5	+ 3	- 0	- 4	- 8	+ 5	- 1	+ 4

2	8	4	8	7	5	3	7	3
+ 9	- 8	- 3	+ 4	+ 1	+ 9	+ 4	+ 4	- 1

9	7	3	4	8	7	8	7	4
- 5	- 1	- 3	- 1	- 1	+ 9	- 4	- 5	- 3

5	3	2	7	4	9	5	4	1
- 0	+ 8	- 1	+ 8	- 4	- 3	- 0	+ 9	- 1

2	1	6	3	2	1	6	3	6
- 1	- 0	+ 2	+ 4	+ 3	- 0	+ 1	- 3	+ 4

			8	5	2	4	1	8
			+ 0	+ 4	+ 4	+ 1	- 0	- 7

1 - Digit Math Time Test

SCORE / 60

9	8	7	4	9	8	7	5	9
+ 3	+ 9	+ 6	+ 4	+ 4	+ 5	- 0	- 4	+ 4

4	6	3	6	3	4	9	9	5
- 3	- 5	- 2	+ 7	+ 0	+ 6	+ 3	- 7	+ 7

6	3	8	6	7	5	6	2	7
+ 7	+ 0	+ 3	- 4	- 2	+ 3	+ 6	- 1	- 0

9	1	6	1	6	5	5	1	7
+ 2	- 0	+ 8	+ 6	- 0	- 4	+ 4	+ 3	- 6

7	1	5	6	2	3	9	3	7
- 5	- 1	- 1	- 0	+ 8	- 1	- 5	+ 9	- 2

8	5	2	8	1	9	6	3	6
- 0	- 5	+ 5	- 1	+ 3	+ 9	+ 3	+ 2	- 5

3	1	3	8	4	9
+ 2	- 0	- 1	+ 6	- 2	- 6

1 - DIGIT MATH TIME TEST

SCORE / 60

9 + 2	5 + 8	7 + 4	9 + 3	5 - 3	6 - 3	6 - 3	1 + 8	4 - 1
4 + 4	8 + 3	8 - 0	9 + 4	5 - 5	6 - 3	5 - 4	6 + 1	5 - 5
7 - 3	5 + 3	1 + 1	6 - 3	6 - 1	4 - 1	9 - 6	9 - 7	5 - 1
5 - 1	7 + 7	5 + 4	2 + 8	4 - 0	6 + 0	7 + 9	8 + 6	6 + 5
5 + 3	2 + 1	3 - 0	9 - 6	8 - 1	3 + 1	2 - 2	3 + 7	2 - 0
8 + 4	8 + 2	2 - 1	8 - 0	7 + 4	2 - 1	7 - 7	3 - 2	4 - 2
		8 + 0	1 + 2	7 - 0	3 + 3	2 - 0	1 + 3

1 - DIGIT MATH TIME TEST

SCORE   / 60

5	5	1	5	2	7	3	3	9
+ 8	+ 6	- 0	+ 3	- 2	- 6	+ 7	+ 9	+ 5

6	3	7	9	8	4	2	2	1
- 2	- 3	- 6	- 3	- 8	+ 1	+ 2	+ 6	- 0

2	6	1	8	3	2	5	6	9
+ 5	- 6	+ 5	+ 5	+ 6	+ 9	+ 7	- 1	+ 7

1	6	5	2	4	3	4	3	5
- 1	- 2	+ 5	- 0	+ 0	- 2	+ 7	+ 9	- 0

2	4	7	4	1	5	9	9	6
- 0	+ 9	+ 7	+ 4	+ 4	- 2	- 0	- 6	- 1

6	6	4	8	4	9	7	6	6
- 1	- 1	+ 7	+ 8	+ 4	+ 3	+ 6	- 6	- 4

9	7	3	5	3	1
- 9	+ 9	- 3	- 0	- 2	+ 4

1 - DIGIT MATH TIME TEST

SCORE   / 60

1	2	1	6	5	8	7	3	3
- 0	- 1	+ 0	+ 5	+ 6	- 3	+ 2	- 1	+ 8

3	1	4	2	6	6	5	1	6
+ 4	+ 7	- 3	+ 2	+ 7	+ 5	+ 0	- 1	- 6

2	2	9	7	2	5	3	5	8
+ 1	+ 9	- 6	- 3	+ 2	- 1	+ 4	- 4	- 6

8	6	9	2	3	9	8	8	4
- 3	+ 4	- 8	- 0	- 3	- 4	+ 6	- 4	+ 6

3	4	5	6	3	4	6	4	3
- 0	+ 1	- 4	+ 7	- 1	- 1	- 5	+ 3	+ 1

1	3	3	8	9	5	9	2	9
+ 5	+ 8	+ 1	- 0	+ 2	- 4	+ 6	+ 1	- 4

3	2	5	9	7	9
+ 0	- 1	+ 1	+ 9	+ 9	+ 3

1 - Digit Math Time Test

SCORE   / 60

1 + 2 =	2 - 0 =	6 - 2 =	2 - 1 =	9 + 0 =	6 - 2 =	4 + 5 =	3 - 2 =	8 - 1 =
6 + 6 =	3 + 5 =	1 - 1 =	6 + 0 =	5 + 5 =	1 - 1 =	7 + 7 =	6 - 6 =	7 - 6 =
3 + 4 =	9 - 4 =	3 + 9 =	3 + 9 =	1 + 9 =	3 + 1 =	5 + 4 =	5 + 2 =	1 - 0 =
8 - 2 =	3 + 6 =	7 + 5 =	5 - 4 =	7 - 3 =	5 + 7 =	4 + 0 =	6 + 7 =	6 - 2 =
3 + 0 =	4 - 3 =	9 - 3 =	5 + 6 =	6 + 3 =	2 - 0 =	7 - 5 =	6 + 9 =	8 + 2 =
5 - 0 =	6 + 7 =	7 - 0 =	5 - 4 =	6 - 4 =	4 + 1 =	3 + 9 =	5 + 9 =	3 + 0 =
7 - 4 =	4 - 0 =	8 + 9 =	1 + 5 =	7 + 4 =	4 + 6 =			

1 - DIGIT MATH TIME TEST

SCORE   / 60

2	6	7	2	2	4	9	1	7
− 1	− 5	+ 3	+ 5	− 1	+ 6	− 5	+ 5	+ 3

1	2	8	1	4	4	9	3	8
− 1	+ 6	+ 4	+ 5	− 2	− 1	+ 3	− 0	+ 0

8	8	6	1	6	1	5	8	8
− 2	− 7	− 3	+ 3	+ 8	− 0	+ 6	− 2	− 2

4	3	8	5	5	6	2	2	4
− 0	+ 3	− 4	− 5	− 5	+ 7	− 0	+ 9	+ 4

3	6	1	7	9	8	7	1	2
− 0	+ 1	+ 5	+ 8	− 3	+ 4	+ 6	+ 7	+ 2

8	8	6	7	2	3	6	6	8
+ 9	− 4	− 3	+ 5	+ 9	+ 6	+ 9	− 5	− 5

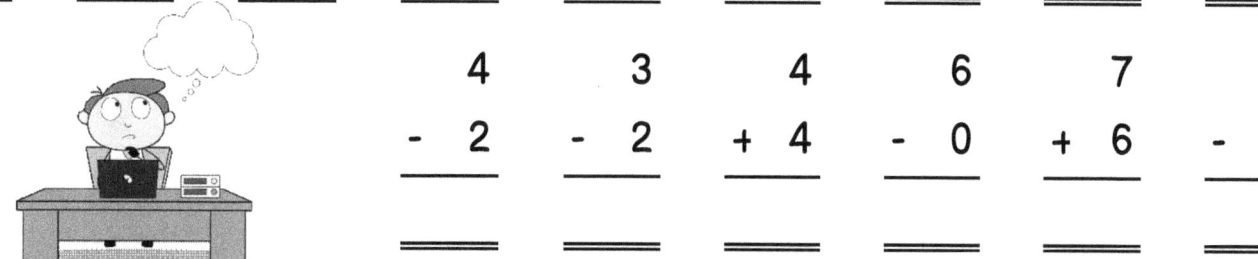

		4	3	4	6	7	6
		− 2	− 2	+ 4	− 0	+ 6	− 5

1 - Digit Math Time Test

SCORE / 60

3	3	8	6	9	1	1	4	8
- 0	+ 0	+ 5	+ 5	- 8	+ 6	- 1	+ 7	+ 5

9	9	3	3	4	7	4	6	5
+ 5	- 4	- 1	+ 2	- 2	+ 5	+ 6	+ 5	- 1

5	8	5	1	1	4	9	9	7
+ 7	- 6	- 5	+ 0	- 1	- 4	+ 4	+ 7	- 7

8	3	6	6	3	9	1	5	9
- 5	+ 3	- 3	- 5	+ 2	- 5	- 0	- 0	- 6

6	1	2	5	2	3	8	6	4
+ 3	+ 1	+ 3	+ 4	+ 9	+ 4	- 1	- 4	+ 3

5	6	4	8	7	3	4	2	4
+ 6	+ 7	- 4	+ 7	+ 8	+ 5	+ 2	+ 5	- 4

8	9	4	7	7	7
+ 7	- 4	+ 6	+ 6	+ 0	+ 4

1 - Digit Math Time Test

SCORE   / 60

2 − 2	8 − 1	2 + 2	7 + 9	3 + 3	5 − 4	2 + 4	2 − 1	9 + 5
3 − 0	6 + 4	5 − 2	3 + 9	3 + 3	4 − 4	6 + 7	6 − 2	2 + 4
9 − 2	4 + 5	4 − 3	5 − 5	5 + 9	2 + 2	7 − 3	9 + 9	2 + 4
6 − 5	9 − 4	1 − 1	5 + 6	1 − 1	6 + 6	2 − 1	7 − 2	4 − 2
9 − 7	9 − 1	5 + 2	4 + 9	5 − 0	6 + 5	8 + 5	7 + 8	8 + 3
4 − 2	4 − 3	1 − 0	8 − 6	5 − 5	6 + 4	6 − 4	9 − 0	9 + 0
			6 − 6	5 − 5	9 − 4	8 − 7	1 − 1	7 + 5

1 - Digit Math Time Test

SCORE   / 60

6	8	3	5	7	8	8	3	5
- 5	- 7	+ 7	- 2	- 4	+ 3	- 4	+ 5	+ 8

9	3	8	3	6	4	1	4	2
+ 0	- 0	+ 5	+ 0	- 0	- 2	- 1	+ 2	- 1

4	1	4	3	6	5	4	6	2
- 2	+ 1	+ 1	+ 0	+ 6	- 4	- 0	+ 8	+ 0

9	8	7	2	5	6	1	1	5
+ 6	- 3	- 5	- 2	+ 7	+ 5	+ 5	- 0	+ 3

4	8	1	6	1	7	9	9	1
- 1	+ 3	- 0	+ 0	- 0	- 0	- 0	+ 7	- 0

7	5	8	3	8	9	8	9	1
- 1	+ 7	+ 0	+ 9	- 0	- 1	+ 7	+ 6	+ 5

1	6	5	5	2	7
- 1	+ 0	- 2	+ 1	- 2	- 0

1 - DIGIT MATH TIME TEST

SCORE   / 60

4	3	7	9	7	5	8	9	7
+ 8	+ 4	- 5	+ 5	- 7	- 5	- 6	+ 5	+ 2

2	9	1	5	2	8	1	6	9
+ 2	+ 7	+ 6	- 5	- 0	+ 6	- 1	- 2	+ 8

9	3	1	3	2	5	9	6	2
+ 4	- 1	- 0	+ 6	- 1	- 1	- 9	+ 4	- 1

8	3	8	4	3	7	7	1	9
+ 4	- 1	+ 3	+ 4	- 2	- 0	- 1	- 0	+ 3

2	5	4	3	3	9	8	7	9
+ 3	- 5	+ 2	+ 0	- 0	+ 8	+ 0	- 6	+ 7

1	7	5	2	2	2	1	7	2
+ 8	- 7	+ 7	+ 7	+ 5	- 0	+ 3	- 7	- 0

4	4	9	2	5	2
- 2	+ 5	- 0	- 2	- 4	- 0

1 - Digit Math Time Test

SCORE   / 60

8	7	8	8	8	3	1	5	5
+ 2	- 4	- 3	- 2	+ 4	+ 0	- 1	- 4	- 2

4	7	1	9	6	6	7	9	1
+ 2	+ 4	+ 8	+ 2	+ 6	+ 8	- 4	+ 9	- 0

2	9	9	9	6	2	5	4	7
- 2	- 0	+ 5	+ 5	+ 2	+ 6	+ 1	- 1	+ 4

4	6	5	8	1	1	7	5	7
- 0	+ 0	- 1	- 5	+ 3	+ 8	+ 2	+ 4	+ 7

7	2	7	9	5	8	4	8	3
- 1	+ 2	- 2	- 0	- 0	+ 0	- 1	- 3	+ 8

3	3	9	9	1	5	5	3	1
- 1	+ 4	- 7	+ 2	- 1	+ 2	+ 1	- 3	+ 6

6	2	7	7	9	4
+ 9	+ 6	- 0	- 1	- 9	- 4

1 - DIGIT MATH TIME TEST

SCORE   / 60

6	9	1	4	7	1	3	9	1
- 0	+ 9	- 0	- 3	- 1	- 0	- 0	+ 9	- 1

5	3	1	4	6	3	1	2	8
+ 1	- 2	+ 7	+ 5	+ 9	- 2	- 1	+ 4	+ 0

5	9	3	7	9	7	3	7	6
+ 4	- 9	+ 6	- 2	+ 5	+ 6	- 3	- 6	+ 9

6	8	2	7	8	5	8	5	3
- 2	- 0	+ 5	+ 6	+ 7	+ 7	- 7	+ 8	- 2

7	1	2	2	7	8	3	9	6
+ 7	- 1	- 2	- 0	- 1	+ 0	+ 5	- 1	- 2

4	7	2	1	2	5	8	5	9
+ 7	+ 6	- 2	+ 9	- 1	+ 9	+ 9	+ 7	+ 4

		4	7	2	2	8	5
		- 2	- 7	+ 4	+ 7	+ 1	- 5

1 - DIGIT MATH TIME TEST

SCORE   / 60

9	7	4	9	1	5	3	9	3
- 9	+ 8	- 1	+ 1	+ 3	- 1	+ 3	+ 7	+ 8

4	3	3	4	3	2	8	8	4
+ 1	- 0	+ 4	- 4	+ 2	+ 2	- 2	- 3	+ 8

6	9	2	8	2	1	9	5	2
+ 9	+ 7	+ 3	- 7	+ 2	+ 5	- 0	+ 6	+ 8

3	7	5	6	5	9	5	2	9
+ 3	- 1	- 5	+ 8	+ 4	- 0	+ 3	- 2	+ 2

9	1	2	6	8	4	5	5	4
+ 1	- 1	+ 0	+ 4	+ 9	+ 8	- 4	- 4	- 1

9	2	7	9	8	7	3	4	2
+ 5	+ 4	- 2	+ 1	- 6	+ 0	+ 0	- 4	- 2

3	3	8	1	2	3
+ 1	+ 0	+ 6	+ 4	- 0	- 3

1 - DiGiT MATH TiME TEST

SCORE / 60

4	6	3	8	8	5	4	2	8
- 1	+ 6	- 1	+ 4	+ 3	+ 5	- 0	- 2	- 1

6	2	6	4	6	5	2	7	7
+ 4	+ 4	- 6	+ 6	+ 9	- 2	- 2	- 2	+ 8

3	9	2	2	5	5	7	2	8
- 3	- 2	- 1	- 1	+ 9	+ 2	- 5	- 2	- 0

2	1	1	7	9	6	1	1	1
+ 6	+ 8	- 0	+ 6	+ 8	+ 9	- 0	+ 3	- 1

1	2	9	2	4	9	1	3	3
- 1	- 2	+ 1	+ 1	- 1	+ 5	+ 9	+ 4	- 2

1	9	3	2	4	2	1	1	4
- 1	- 4	- 3	+ 2	- 3	- 0	- 0	+ 0	- 3

			8	4	2	5	8	6
			- 2	- 2	- 1	- 4	- 7	+ 8

1 - DIGIT MATH TIME TEST

SCORE   / 60

2	3	6	2	9	5	4	5	6
- 0	+ 6	+ 0	+ 1	+ 6	- 0	+ 8	- 5	- 6

2	4	8	6	2	1	3	1	7
+ 1	- 2	- 0	+ 5	- 2	- 1	+ 1	+ 1	- 3

9	5	8	4	1	3	9	3	9
+ 9	- 5	- 2	- 4	+ 8	+ 5	+ 2	+ 0	- 8

7	1	1	8	3	5	7	6	4
- 4	+ 1	+ 6	- 5	+ 7	- 2	+ 1	+ 1	- 2

1	5	4	9	2	1	6	2	1
- 1	- 4	- 4	- 4	+ 6	- 1	- 4	+ 8	+ 1

9	5	2	9	6	4	8	2	6
+ 5	- 4	+ 0	+ 8	+ 2	- 0	+ 6	+ 6	+ 3

9	1	4	8	7	4
+ 3	- 0	- 3	- 4	+ 6	- 1

1 - DIGIT MATH TIME TEST

SCORE   / 60

1 + 4	4 + 3	2 + 0	5 − 0	4 + 4	7 − 2	4 + 2	9 + 8	9 − 6
8 − 4	6 + 2	1 − 1	9 + 3	6 − 1	2 − 1	7 − 2	1 + 2	4 + 3
1 + 1	2 + 6	1 − 0	9 − 7	7 + 1	9 + 7	8 + 4	8 + 0	9 − 2
7 + 2	9 − 7	8 − 7	4 − 3	9 + 1	7 + 9	2 + 0	1 + 7	8 − 2
7 + 3	8 + 5	1 + 8	1 + 1	9 − 6	9 + 6	2 + 6	5 − 1	1 + 7
5 + 6	4 − 2	8 − 3	9 − 1	1 − 0	9 + 5	9 + 6	7 + 5	8 + 0

		9 − 7	1 − 1	9 + 9	8 − 0	1 − 1	8 + 9

1 - Digit Math Time Test

SCORE   / 60

3	7	5	6	4	7	1	9	2
- 0	+ 3	+ 9	- 5	+ 1	- 1	+ 8	- 8	+ 7

3	3	5	5	2	7	9	9	2
+ 8	- 2	+ 4	- 5	+ 9	+ 5	+ 7	+ 8	+ 4

1	4	2	9	4	3	1	6	9
+ 8	+ 9	- 2	+ 1	+ 4	- 2	- 0	- 1	+ 5

6	2	8	7	2	6	3	3	9
- 4	- 1	+ 3	+ 6	+ 8	+ 8	- 2	+ 7	+ 0

5	5	3	3	2	3	4	4	8
- 1	- 5	+ 0	- 3	+ 0	- 0	- 2	+ 3	- 4

5	3	9	6	4	4	9	7	3
- 4	- 2	- 6	- 2	- 1	+ 1	- 9	- 3	+ 0

9	9	2	7	7	3
+ 9	+ 4	- 0	+ 0	+ 8	+ 8

1 - DIGIT MATH TIME TEST

SCORE / 60

3	1	8	3	1	7	2	7	9
+ 9	- 1	- 8	- 1	+ 4	+ 3	+ 3	- 5	- 3

1	4	9	6	8	7	4	6	1
- 0	+ 8	- 1	+ 1	+ 2	+ 4	+ 0	- 5	+ 8

7	4	4	1	9	1	8	2	4
- 4	- 3	- 1	- 1	+ 7	- 0	- 8	+ 3	+ 4

7	8	3	1	3	3	5	5	4
+ 8	+ 3	+ 8	- 1	+ 0	- 0	- 3	+ 2	- 4

3	6	9	9	4	3	7	7	3
+ 6	+ 9	+ 9	- 3	- 1	+ 6	+ 3	+ 6	- 2

8	6	4	2	6	1	5	5	2
+ 3	+ 6	+ 0	- 1	- 4	+ 8	+ 1	+ 7	+ 6

			1	9	8	3	2	6
			- 0	- 6	+ 3	+ 0	- 1	+ 9

1 - DIGIT MATH TIME TEST

SCORE　　　/ 60

8	8	3	2	8	7	7	6	2
- 2	+ 1	- 0	+ 2	- 6	+ 3	+ 7	+ 2	- 0

7	9	1	7	1	1	5	3	4
+ 9	+ 3	+ 9	- 1	- 0	- 1	+ 2	+ 6	+ 3

5	1	9	8	6	6	6	3	6
- 4	- 0	+ 8	- 7	+ 2	+ 6	+ 8	+ 1	- 5

5	3	2	8	5	2	6	1	5
+ 3	+ 9	+ 8	+ 0	- 0	- 1	- 3	+ 0	- 2

8	8	1	4	8	7	5	9	1
+ 1	- 1	+ 7	- 2	- 5	- 7	- 3	- 0	- 0

7	3	8	7	7	1	2	5	6
- 1	- 0	+ 6	+ 8	- 1	- 0	+ 1	- 3	- 5

6	7	4	5	9	2
- 3	- 2	- 0	- 0	+ 6	- 1

1 - Digit Math Time Test

SCORE   / 60

6	9	8	6	7	1	4	2	6
- 0	- 6	+ 6	+ 8	- 2	+ 6	- 0	+ 4	- 6

1	4	5	7	6	5	1	7	8
+ 1	+ 9	- 3	+ 1	- 1	- 0	- 0	- 4	- 1

3	2	6	7	5	9	6	3	2
- 2	- 2	- 3	+ 4	+ 1	+ 5	- 4	- 1	+ 4

2	3	8	6	3	7	5	5	5
+ 8	- 1	+ 4	+ 9	+ 3	- 4	+ 2	- 3	+ 2

2	4	2	7	2	1	7	3	1
+ 6	+ 5	- 1	+ 5	- 2	+ 4	- 5	+ 3	- 1

4	2	6	6	6	3	6	2	9
- 4	- 0	- 1	+ 1	+ 0	+ 2	- 2	- 1	+ 7

6	2	1	5	7	6
- 2	- 0	+ 1	- 0	+ 5	+ 0

1 - DIGIT MATH TIME TEST

SCORE / 60

8	3	1	2	2	2	7	9	2
- 0	- 0	- 1	- 1	+ 4	+ 3	- 4	- 0	- 2

7	6	5	2	6	4	1	8	3
- 2	- 3	+ 3	- 0	- 6	+ 1	+ 7	+ 6	+ 1

6	1	5	2	9	9	4	1	3
- 1	- 0	- 3	- 2	- 3	- 4	+ 7	- 1	+ 4

4	3	1	8	4	2	2	8	4
- 2	- 0	- 1	- 2	+ 7	+ 9	- 2	- 6	- 4

4	8	6	1	1	7	1	2	2
+ 6	+ 4	+ 5	+ 7	+ 2	+ 5	- 0	+ 3	+ 0

6	4	6	8	4	4	9	2	8
- 3	- 3	- 2	- 8	+ 0	+ 5	- 5	- 2	- 6

9	1	8	6	1	5
+ 3	+ 5	+ 3	- 0	- 0	+ 6

1 - DiGiT MATH TiME TEST

SCORE   / 60

1	5	7	7	6	6	6	8	1
+ 8	+ 5	- 6	+ 8	+ 5	+ 3	- 1	- 6	+ 2

3	8	4	4	2	5	3	4	8
+ 2	+ 7	+ 3	- 3	- 0	- 1	- 0	+ 5	+ 7

3	1	7	5	8	8	7	1	1
+ 8	- 0	+ 2	- 0	+ 5	- 3	- 6	- 0	+ 3

4	7	9	6	3	6	4	8	6
+ 8	- 0	- 3	+ 9	- 1	+ 4	- 0	+ 9	+ 5

1	5	1	5	8	4	7	7	8
+ 3	- 1	- 1	- 0	+ 3	+ 1	+ 4	+ 7	+ 9

6	7	8	5	9	8	8	5	3
- 2	- 1	- 4	+ 6	- 8	- 8	+ 7	+ 7	- 1

			7	8	3	4	4	7
			- 5	+ 8	- 1	- 4	+ 0	- 5

1 - DIGIT MATH TIME TEST

SCORE   / 60

9 − 0	1 + 1	2 − 0	2 + 4	3 + 2	1 − 0	5 + 5	6 − 6	2 + 3
9 + 5	9 − 6	6 − 1	6 − 6	6 − 5	9 − 6	6 − 6	2 − 2	4 + 5
5 + 4	2 − 1	9 − 9	1 − 0	9 − 2	4 + 3	9 + 4	7 + 4	3 − 2
8 − 0	4 + 0	7 − 1	2 − 0	5 − 1	7 − 7	7 − 0	5 + 1	5 + 2
1 + 4	7 − 2	3 − 3	2 + 9	6 − 2	7 + 5	8 + 1	5 + 8	9 − 3
1 − 1	6 + 3	8 + 0	8 + 8	4 − 3	2 + 2	5 + 7	1 − 1	5 − 5
2 + 5	2 − 0	2 − 2	8 + 3	4 + 8	5 + 2			

1 - DIGIT MATH TIME TEST

SCORE / 60

7	1	5	4	7	3	5	6	7
- 3	- 0	- 0	- 2	+ 9	- 2	+ 3	+ 5	- 7

6	5	7	1	1	1	6	3	7
- 4	- 0	+ 4	- 1	- 1	+ 6	- 2	- 3	- 5

8	7	2	8	3	8	2	1	6
- 1	- 2	+ 5	+ 4	- 3	+ 0	+ 1	+ 9	+ 3

8	7	1	8	8	8	7	3	9
- 1	+ 0	+ 8	- 8	- 8	- 5	+ 6	- 2	- 7

8	7	3	4	4	1	4	7	9
- 5	- 3	- 2	+ 4	- 3	+ 1	+ 5	- 3	- 6

6	4	3	6	8	3	4	8	2
+ 4	+ 4	- 1	- 2	- 2	+ 5	- 0	- 2	- 1

		8	1	2	1	8	6
		- 8	+ 2	+ 7	+ 6	- 6	- 4

1 - Digit Math Time Test

SCORE   / 60

8	8	4	6	1	6	1	1	1
+ 1	+ 2	+ 2	- 6	- 0	+ 8	- 1	- 0	- 1

3	2	3	8	2	8	5	7	3
- 0	- 2	- 2	- 4	- 2	+ 2	- 2	- 3	+ 8

2	5	9	1	9	4	4	5	1
- 0	+ 8	- 1	+ 0	- 0	- 3	+ 7	- 3	- 1

7	1	9	7	5	9	3	1	2
- 3	- 0	+ 6	+ 9	- 2	- 2	- 3	+ 1	- 1

3	4	8	4	5	3	3	3	7
+ 4	- 0	+ 1	+ 3	- 4	- 2	+ 6	+ 2	- 5

5	8	2	1	5	7	4	1	4
- 4	+ 8	+ 9	- 0	- 0	- 3	- 3	- 1	- 2

4	8	2	6	8	4
+ 2	- 6	+ 6	- 2	- 8	+ 3

1 - DiGiT MATH TiME TEST

SCORE   / 60

6	8	7	8	6	9	8	3	3
+ 4	+ 6	- 4	+ 6	+ 8	+ 7	+ 0	+ 0	- 1

5	1	3	1	3	4	6	8	4
- 2	- 1	- 3	+ 2	+ 7	- 2	- 6	+ 9	+ 1

5	8	5	9	9	6	7	6	9
+ 5	+ 4	+ 0	- 7	- 5	+ 9	+ 3	+ 7	+ 3

6	1	4	5	5	4	7	1	9
+ 3	+ 9	- 3	- 5	- 2	+ 8	- 0	+ 2	- 9

6	5	9	5	5	4	4	7	5
+ 7	+ 2	- 2	+ 0	- 2	- 1	- 3	+ 3	+ 9

8	9	4	9	7	8	6	2	2
- 6	+ 8	- 3	- 9	+ 1	+ 7	+ 6	- 0	- 1

		3	5	4	5	9	3
		+ 5	- 0	- 2	+ 5	- 1	+ 6

ANSWER SHEET

Looking for answer? There are many way to get answer.

1st is ask parent.
2nd is ask teacher.
3th is do it again but slower.

CPSIA information can be obtained
at www.ICGtesting.com
Printed in the USA
LVHW062317141222
735269LV00033B/1139

9 798578 239304